LES
RATS
ICÔNES
par
Jossot
SUR VERS de
Heinrich Heine
translatés
par
Papyrus
musiqués
par
Baudot

LES
RATS
ICÔNES
par
Jossot
SUR VERS de
Heinrich Heine
translatés
par
Papyrus
musiqués
par
Baudot

LES RATS

Désignation du Tirage :

Cinq *Exemplaires sur Japon impérial, numérotés de **1** à 5.*

Cent cinquante *Exemplaires sur papier vélin de luxe.*

Albums de Jossot :

Artistes et Bourgeois

Mince de Trognes...!

—— ·❧· ——

En Préparation :

Croix-Croa, album anti clérical

EX-LIBRIS

MUSIQUE

PAR

EMILE BAUDOT

Presto - feroce
rall molto Tempo

Es giebt zwei Sorten Ratten :
Die hungrigen und die satten.
Die satten bleiben vergnügt zuhaus,
Die hungrigen aber wandern aus.

Il est deux sortes Rats,
Maigres et Gras.
Gras demeurent quiets à demeure
Mais Maigres cheminent.

Sie wandern viel' tausend Meilen,
Ganz ohne Rasten und Weilen,
G'radaus in ihrem grimmigen Lauf,
Nicht Wind noch Wetter hält sie auf.

Ils cheminent mille et milles
Sans trêve, sans repos,
Droit en leur course farouche
Vent, ni tempête ne les tient.

Gras demeurent quiets à demeure.

Sie klimmen wohl über die Höhen,
Sie schwimmen wohl durch die Seen ;
Gar manche ersäuft oder bricht das Genick,
Die lebenden lassen die todten zurück.

Ils grimpent sur cîmes,
Ils nagent par océans,
Maint trinque, écope
Mais les vifs délaissent les claqués.

Es haben diese Käuze
Gar fürchterliche Schnäuze ;
Sie tragen die Köpfe geschoren egal,
Ganz radikal, ganz rattenkahl.

Ces vilains pierrots
Ont gueules épouvantables
Tronches égales tondues
Radicales, raticailles.

Ils grimpent sur cîmes.

Die radikale Rotte
Weiss nichts von einem Gotte.
Sie lassen nicht taufen ihre Brut,
Die Weiber sind Gemeindegut.

La turbe radicale
Ignore Mossieu Dieu,
Ne baptise sa portée
Et dames rates sont communes.

Der sinnliche Rattenhaufen,
Er will nur fressen und saufen,
Er denkt nicht, während er säuft und frisst.
Dass uns're Seele unsterblich ist.

La positive raterie
Veut que bafrer et pinter,
Elle ignore (ce, qu'elle soiffe et briffe)
Que Psyché est immortelle.

Et dames rates sont communes.

So eine wilde Ratze,
Die fürchtet nicht Hölle, nicht Katze ;
Sie hat kein Gut, sie hat kein Geld
Und wünscht aufs neue zu theilen die Welt.

Ainsi un Rat farouche
Ne craint cat, ni diabolus,
Il n'a toit, ni quibus
Et rêve à neuf partager l'univers.

Die Wanderratten, o wehe !
Sie sind schon in der Nähe,
Sie rücken heran, ich höre schon
Ihr Pfeifen, die Zahl ist Legion.

Les Rats chemineaux, malheur !
Ils sont déjà proximes.
Ils arrivent, jà j'entends
Leurs fifres, leur nombre est légion.

LE CAPITAL
EST EN
DANGER

La positive raterie
Veut que bafrer et pinter.

O wehe! wir sind verloren.
Sie sind schon vor den Thoren!
Der Bürgermeister und Senat,
Sie schütteln die Köpfe, und keiner weiss Rath.

Au secours! Nous sommes fichus!
Ils sont à nos portes.
Le burgmaistre et son Sénat
Hochent le chef; nul n'y voit remède.

Die Bürgerschaft greift zu den Waffen,
Die Glocken läuten die Pfaffen.
Gefährdet ist das Palladium
Des sittlichen Staats, das Eigenthum.

Le bourgeois empoigne son flingot,
La curaille tinte ses clocques.
En danger le Palladium
De ce vertueux état: Le Capital!

La turbe radicale
Ignore Mossieu Dieu.

Nicht Glockengeläute, nicht Pfaffengebete,
Nicht hochwohlweise Staatsdekrete.
Auch nicht Kanonen, viel' Hundertpfünder,
Sie helfen euch heute, ihr lieben Kinder!

Ni tintins clocques, ni momeries calotins,
Ni très superlatives sages décrétations,
Ni canons, de calibre, ô combien,
Ne vous sauveront, ce d'hui, mes petits lapins.

Heut helfen euch nicht die Wortgespinste
Der abgelebten Redekünste,
Man fängt nicht Ratten mit Syllogismen,
Sie springen über die feinsten Sophismen.

Ce d'hui ne vous aidera le verbe décoconné
D'un art oratoire fort éculé,
On pige pas rats avec syllogismes,
Ils sautent dessus tenus sophismes.

Ainsi un Rat farouche
Ne craint cat, ni diabolus.

Im hungrigen Magen Eingang finden
Nur Suppenlogik mit Knödelgründen,
Nur Argumente von Rinderbraten,
Begleitet mit Göttinger Wurst-Zitaten.

A ventre affamé, seul accès trouve
Soupe logique, de lard prémissée,
Arguments de bœuf braisé,
Avec citats d'andouille de Goettingue.

Ein schweigender Stockfisch in Butter gesotten.
Behaget den radikalen Rotten
Viel besser als ein Mirabeau
Und alle Redner seit Cicero.

Un silent hareng sauté au beurre
Goute à la meute radicale
Mieux qu'un Mirabeau
Et tous oratores depuis Cicero.

Ce d'hui ne vous aidera le verbe décoconné
D'un art oratoire fort éculé.

Achevé d'imprimer

Le vingt janvier mil huit cent quatre-vingt-dix-neuf

PAR

EMILE PIVOTEAU

Imprimeur de

à Saint-Amand (Cher)

www.ingramcontent.com/pod-product-compliance
Ingram Content Group UK Ltd.
Pitfield, Milton Keynes, MK11 3LW, UK
UKHW022148260726
13993UKWH00005B/2237

9 782019 945398